귀하의 소중한 삶을

이곳에 기록하여

더욱 빛나고 아름다운 이야기로

사랑하는 모든 이들에게

전해지길 바라며

_____ 이(가)

_____ 에게 드립니다.

National Archives of Korea
www.archives.go.kr

My life story

젊음
행복
사랑
가족
꿈
인생

사과나무
일기

National Archives of Korea
www.archives.go.kr | *My life story*

참고문헌
김안제(2006) 인생백서
김병숙(2013) 생애주기와 기록
김홍섭 외(2008) 행복한 내 인생을 위한 기록의 기술
이남희(2009) 자기발견을 위한 자서전쓰기 특강
유귀훈(2008) 기록노트
김유숙 외(2010) 우리가족이 함께 만들어 가는 이야기
윤선현(2012) 하루 15분 정리의 힘
사사키 가오리(2004) 지갑은 없어도 스케줄 수첩은 있다.
김인호(1996) 나를 바꾼 프랭클린 플래너
한혜수(2003) 나를 기록하라
린다 스펜스(1997) 내 인생의 자서전 쓰는 법
(이상 무순)

사 과 나 무   일 기
My life story

초판 1쇄 발행 : 2014년 2월 21일
지은이 : 국가기록원 · 박경국
펴낸이 : 권선복
펴낸곳 : 도서출판 행복에너지

국가기록원
(301-701) 대전광역시 서구 청사로 189 정부대전청사
www.archives.go.kr **전화** 042 · 481 · 6232 **팩스** 042 · 481 · 6371

도서출판 행복에너지
(157-010) 서울특별시 강서구 화곡로 232
www.happybook.or.kr **전화** 0505 · 613 · 6133 **팩스** 0303 · 0799 · 1560

* 이 책은 특허청과 국유특허 통상실시권 계약 체결을 통해 출간되었습니다.

┌───┐
│ 「사과나무 일기」 특허 등록 개요
│ • 명 칭 : 자기기록용 수첩의 편집구조
│ • 등록번호 : 등록 제 20-0469944 호
│ • 발 명 자 : 박경국(국가기록원장)
│ • 소 유 권 : 공무원의 직무발명으로 국유등록
└───┘

나의 사과나무 일기를 사랑하는
모든 이들에게 바칩니다.

사과나무를 심고 가꾸는 일은 나눔과 배려입니다.
자신만을 위해 사과나무를 심지는 않습니다.
지금까지 내가 받은 누군가의 헌신과 봉사를 되돌려 주기 위한 것입니다.
기록이 그렇습니다.
자신을 기록하는 일은 나를 과시하기 위한 것이 아니라,
내 삶의 의미와
소중한 경험을 함께 나누기 위한 것입니다.
나의 사과나무 일기를 사랑하는 모든 이들에게 바칩니다.

기록인 _____

추천사 | *Recommendation*

　이삿짐을 정리하다가 문득 발견한 어릴 때 쓴 일기장을 들여다보며 빙그레 웃음 지은 적이 있었습니다. 아, 내게 이런 일이 있었구나, 그땐 그랬지, 하며 잠시 과거의 세계로 빠져 들어 보기도 했습니다.

　우리는 누구나 자신의 삶을 소중하게 여기지만, 바쁜 일상에 쫓기다 보면 그 삶의 소중함에 대해 잊고 사는 때가 많습니다. 그렇다면, 단 하나밖에 없는 우리의 삶을 소중하게 간직하고 기억하는 데 기록만큼 중요한 게 또 있을까요?

　흔히, 많은 사람들이 영웅 위인 또는 유명인이나 되어야 자신의 기록을 남기는 것이지, 평범한 일상을 살고 있는 우리가 어떻게 기록을 남기며, 또 남긴들 뭐 그리 중요하겠냐고 묻곤 합니다.

　그러나, 우리 개개인의 삶은 매우 소중한 것입니다. 지위고하를 막론하고 아무리 평범한 일상이라도 기록을 하다 보면, 그 과정에서 삶의 소중함을 깨닫게 되어 좀 더 신중하고 책임지는 성숙한 삶을 사는 데 도움이 될 것입니다. 기록을 통해 자신의 발자취를 되돌아보고 미래를 향해 정진하다 보면 한층 고양된 삶에 이르게 될 것입니다.

　하지만, 막상 기록을 일상 속에서 실천하는 일은 그렇게 간단하지는 않습니다. 무슨 내용을 어떻게 써나가야 하나 망설여지기도 할 것입니다. 이러한 분들을 위해 안전행정부 국가기록원이 사과나무 일기를 제작하였습니다. 사과나무 일기는 생애주기 흐름의 관점에서 국민 여러분들이 자유롭게 자신만의 역사를 만들어 나갈 수 있도록 돕고자 하는 것입니다.

　정부의 기본 책무는 모든 국민이 편안하고 행복하게 살 수 있도록 하는 것입니다. 그 밑바탕에 바로 기록이 있습니다. 처음에는 다소 불편하시겠지만, 조금씩 꾸준히 기록을 생활화 하다보면 기록이 주는 소소한 즐거움에 푹 빠질 수 있을 겁니다. 국민 여러분의 삶이 보다 더 풍부하고 행복해지는 데 사과나무 일기가 조금이라도 도움이 될 수 있기를 진심으로 기대합니다.

2014. 02

안전행정부 장관 유정복

추천사 | *Recommendation*

    무릇 기록은 모든 동물 가운데 오로지 사람만이 할 수 있는 독특한 행위이며, 사람도 지적 및 문화적 수준이 어느 단계 이상일 때 기록을 행하게 된다고 할 수 있습니다. 개인의 경우 자기 생활을 꾸준히 기록하게 되면, 건전하고 계획적인 삶을 영위하고 보람된 생애의 흔적을 후세에 남기게 되므로 매우 유익하다고 하겠습니다.

    우리나라는 오랫동안의 문맹과 가난, 그리고 사회적 풍토로 인해 기록하는 정신이 매우 저조했으나 근자에 와서는 기록에 대한 국민의 인식이 많이 달라졌습니다. 이러한 시점에서 국가기록원이 「사과나무 일기」라는 생애사 기록노트를 제작·발간하여 널리 보급함으로써 국민들의 기록 생활화에 크게 기여하게 되었음은 지극히 다행스럽고도 경하할 쾌거라 할 수 있습니다.

    이 책자는 한 사람의 일생 동안 살아온 생활을 10년 단위의 편년체(編年體)로 기술하는데 필요한 생애구분과 항목, 그리고 기록의 요령과 방법을 설명하고 있어 지극히 유효하게 이용될 수 있을 것으로 사료됩니다. 여기에 제시되어 있는 생애의 시대적 구분이나 거기에 담겨질 주제와 항목 및 사건 등은 기록자의 살아온 길, 직업, 취향, 경험 등에 따라 적절히 선택되고 조정될 수 있을 것입니다.

    귀중하고도 유익한 책자를 만드신 국가기록원 박경국 원장과 제작진 여러분의 노고에 감사와 치하를 드리는 바입니다. 부디 국민 모두가 이 책자를 통해 생애기록의 필요성을 올바로 인식하고 하루하루의 일지를 기록하는 습관을 생활화하는 풍조가 만연하기를 바라는 마음 간절합니다.

2014. 02

서울대학교 명예교수 김안제

추천사 | Recommendation

저는 얼마 전 다섯 자녀를 키우며 직접 글을 쓰고 그림을 그려 육아일기를 쓴 인천에 사시는 아흔 살의 박정희 할머니를 취재했습니다. 할머니께서는 한 명을 키우실 때마다 꼭 한 권의 책을 만들었는데 그림 두 쪽을 그리는 데 일주일이 걸렸을 만큼 하나하나가 정성을 다한 작품들입니다.

첫째 딸이 어릴 적 달을 보며 멋진 시를 지었던 이야기, 셋째 딸이 실수로 농약을 마셔 죽을 뻔했던 일도 모두 적었습니다. 소학교 때부터 꾸준히 일기를 써오셨던 할머니의 기록하는 습관 덕분에 생생한 그림책을 완성할 수 있었던 것입니다. 할머니께서 책을 한 권 한 권 넘기실 때마다 눈물이 울컥 올라오는 것을 참아야 했습니다. 정성을 다한 소중한 기록은 그렇게 아름다운 법인가 봅니다.

우리 신문에서는 세상 속 세상을 이야기하듯 풀어내는 '내러티브 리포트'라는 새로운 방식의 기사를 내놓고 있습니다. 할머니의 그림책과 크게 다르지 않습니다. 여기에 등장하는 이야기는 유명한 정치인의 것이 아니라 바로 우리의 이야기입니다. 언젠가 여러분이 이 노트를 이용해 남긴 기록도 소중한 한 시대의 역사가 될 수도 있지 않을까요? 여러분의 진솔한 기록이 이 시대를 담아 낸 소중한 자료가 되기를 바라는 마음에서 이 사과나무 일기를 추천합니다.

끝으로 지난해 네 명의 기록달인을 취재하며 들었던 기록의 5원칙을 소개합니다. 하나, 기록은 습관이다. 둘, 목표를 먼저 세워라. 셋, 무엇을 기록할지 선택하라. 넷, 쓰기 전 분류하고, 쓴 다음 꼭 정리하라. 다섯, 기록은 역사다, 정직하게 써라.

2014. 02

동아일보 기자 권기범

추천사 | Recommendation

　책 한 권을 출판한다는 것은 한때 '잘 쓰는, 전문 작가'만의 전유물이었습니다. 일반인이 자신의 책을 출판한다는 것이 쉬운 일이 아니지만 『사과나무 일기』를 통하여 이제는 누구나 자신의 이름을 내건 책을 만들 수 있는 세상이 되었습니다. 특히 주목받는 분야는 '자전적 에세이'입니다. 여타 장르에 비해 형식과 내용면에서 자유롭기 때문입니다.

　자서전의 미덕은 후세에게 좋은 선례를 남기고 누구든 공감할 만한 덕을 쌓는 데 있습니다. 또한 100세 시대를 맞이한 노년들에게 자서전은 인생 후반전의 준비를 위해 꼭 필요한 자기계발의 수단입니다. 갑오년의 힘찬 시작과 함께 출간되는 『사과나무 일기』는 출생부터 시작하여 인생의 커다란 전환점이 되는 계기라 할 만한 취학, 취업, 결혼, 교육 등을 중심으로 자신의 생 전체를 한눈에 기록해 볼 수 있는 일기장입니다. 독자 스스로 이 일기장이 완성되는 순간 한 권의 손색없는 자서전을 품에 안게 되는 것입니다.

　개인의 삶과 가치를 우선시하는 현대사회에서는 그 누구든 이 시대의 주인공입니다. 국가기록원 박경국 원장님이 특허출원한 『사과나무 일기』를 통해 대한민국의 발전을 이끌어 온 주역으로서 대한민국의 더 힘찬 도약에 힘을 보탤 선지자로서, 인생의 가장 소중한 순간들을 기록으로 남겨 우리 후세의 삶에 보탬이 되는 것만큼 보람된 일도 없을 것입니다. 수많은 독자들이 『사과나무 일기』를 완성하여 꼭 도서출판 행복에너지를 찾아주시기 바랍니다. '행복이 깃드는 도서 에너지가 넘치는 출판'으로 보답하겠습니다. 출판의 기쁨, 그 아름다운 순간을 위해 도서출판 행복에너지는 늘 활짝 문을 열어놓겠습니다. 두드리십시오. 시작이 반입니다.

2014. 02
도서출판 행복에너지 대표이사 권선복

사과나무 일기를 펴내며 | *Greetings*

　세상에 나보다 소중하고 귀한 사람은 없습니다. 세속적 기준으로는 지극히 평범할지라도 나에게 있어서 나의 이야기 보다 더 위대한 이야기는 없습니다. 하지만 바쁜 일상에 쫓기다 보면 나를 기록하는 것은 물론, 자신의 존재감마저도 잊고 살 때가 많습니다.

　기록은 우리의 삶이며 역사입니다. 크게 다를 것 없는 일상이지만 하루하루 기록하다 보면 인생이 되고 역사가 됩니다. 작은 시냇물이 모여 큰 강이 되는 것처럼 우리의 삶도 순간들이 이어져 큰 물줄기가 됩니다. 오늘은 무엇을 했고, 내일은 무엇을 할지 기록하지 않으면 세월의 저편으로 허무하게 사라집니다.

　기록은 자신을 남기기도 하지만 자신의 정체성을 일깨워 주고 앞으로 가야 할 길을 안내해 주는 등불이기도 합니다. 연어가 수만 리 바닷길을 헤엄쳐 고향으로 되돌아올 수 있는 것은 지나온 길에 대한 기억 때문이라고 합니다. 지난 일들의 기록은 가야할 길을 일깨워 미래를 설계할 수 있게 합니다.

　한 번뿐인 인생을 헛되이 살고 싶은 사람은 없습니다. 누구나 가치 있고 행복한 삶을 살고 싶어 하지만, 그렇게 살지 못하는 사람이 더 많습니다. 기록은 지난 일들의 정리를 통해 자신과 화해하고 치유하는 일입니다. 또한 기억되고 학습되어 자신의 꿈과 목표를 이룰 수 있게 합니다.

　"내가 고뇌하고 노력한 것을 기록으로 남기지 않는다면 후대들에게 무엇으로 공헌한단 말인가"

　유배지에서조차 글쓰기를 게을리하지 않았던 다산 정약용 선생의 말씀은 기록의 이유를 너무도 잘 설명하고 있습니다. 내가 어떤 사람이 되고자 했는지, 내가 노력하고 이룬 것들이 무엇인지 기록으로 남기는 일이 지금은 사소한 개인사에 불과하지만, 세월의 무게가 더해지면 세상에 하나뿐인 소중한 공공의 유산이 됩니다.

　개인의 기록이 모여 당대의 사회상이 되고, 문화가 됩니다. 국가기록원이 복원·발표했던 '500년 전 한글편지'는 함경도에서 하급 장교로 복무 중인 남편이 부인에게 보낸

극히 사사로운 편지였지만, 당시 군인들의 근무환경, 부부간의 사랑과 규범 등을 상세히 보여 주고 있습니다.

기록은 나 자신을 위한 것이기보다, 가족과 후대들을 위한 진정한 배려입니다. 후대들이 나를 거울 삼아 더 이상의 시행착오 없이 나보다 더 의미 있고 가치 있는 삶을 살 수 있도록 안내하고 지혜를 주어 인류발전의 원천이 될 수 있습니다.

기록의 필요성에 공감하더라도 실천하기까지는 어려움이 많습니다. 우선 나처럼 평범한 사람의 기록에 누가 관심을 가질까 회의가 앞서, 시작하기도 전에 포기하기 쉽습니다.

하지만 평범할수록 기록해야 합니다. 위대한 사람은 작가가 써주고 후대의 사가들이 정리해 주지만 평범한 우리는 스스로 기록해야 합니다. 스스로 기록하지 않으면 역사는 물론, 자신의 세계에서조차 존재하지 않습니다. 누가 관심을 가져 줄 것인가는 중요하지 않습니다. 기록은 나와 내가 사랑하는 사람들을 위해 남기는 것이기 때문입니다.

이 사과나무 일기는 나눔과 배려의 의미를 담고 있습니다. 하루하루 최선을 다하며 오늘을 살고 있는 우리들의 진솔한 삶이 후대들에게 전해지기를 바라는 마음에서 기획·제작하였습니다.

일생을 살면서 생애주기별로 겪게 되는 일들을 중주제와 소주제로 구분하고, 소주제별 구성요소를 정리하여 매일 작성하다 보면 자서전도 되고 일기도 될 수 있도록 구성했습니다. 아무쪼록 이 수첩이 기록의 중요성을 일깨우고 국민 여러분 각자의 기록생활화에 도움이 되기를 기대합니다.

이 수첩이 완성되기 까지 조언과 관심을 아끼지 않으신 학계와 관련 기관·단체 관계자, 국가기록원 직원들의 노고에 감사와 격려의 말씀을 전합니다.

2014. 02

국가기록원장 박경국

나를 기록하는 기술 | *Information*

    도대체 무엇부터 써야 할까. 처음에는 쓸 이야기가 많을 것 같았는데 막상 쓰려니 막막한 경우가 많습니다. 하지만 몇 가지 요령을 익히고 자신감을 갖는다면 그렇게 어려운 일이 아닙니다.

    자서전 구성방식은 주제별 정리와 연대기별 주제정리가 있는데 이 수첩은 후자의 방식으로, 생애주기(연령대)를 기준으로 대주제 → 중주제 → 소주제(제목)를 모두 제시하여 소주제(제목)의 본문만 쓰면 되도록 구성했습니다.

    주제 내용이 포괄적이고 복잡한 경우는 신문기사처럼 작성하면 쉽습니다. 예를 들어 20대 요약을 쓰는 경우(116쪽 참조) 첫 문장은 20대 전체를 함축적으로 요약하여 표현한 것으로 신문기사의 머릿글에 해당됩니다. 둘째 문장부터는 중요하다고 생각되는 내용 순으로 정리하면 됩니다.

    자전적 기록 또는 자서전은 1인칭이므로 모노드라마의 독백처럼 서술하면 예상외로 쉽게 풀어갈 수 있습니다. 육하원칙(언제, 어디서, 누가, 무엇을, 어떻게, 왜) 또는 기·승·전·결에 따라 전개하되, 소감이나 느낌처럼 주관적인 내용은 자신의 감정에 충실하여 상세하게 기술하면 됩니다.

    연상되는 모든 단어와 상황을 떠올려 보는 방법도 유용합니다. 초등학교 입학식의 경우, "일시 : ○○년 3월"에 대해 연상해 보면 "초등학교 입학식이 있었던 ○○년 3월은 유난히 추웠다. 형이 물려 준 털모자와 두꺼운 점퍼를 입었는데도 덜덜 떨렸다. 어머니는…"과 같이 표현할 수 있습니다. 각 소주제별 키워드에 대해 연상되는 대로 내용을 정리하다 보면, 잊고 있던 일들을 바로 어제 일처럼 기억해 낼 수 있습니다.

나를 행복하게 하는 기록 | *Information*

　노인은 추억으로 살고 청년은 꿈으로 산다는 격언이 있습니다. 자신에 대한 기록 또는 자서전 쓰기는 모두에게 행복을 줍니다. 나이 든 사람에게는 자기탐색을 통해 인생의 의미를 재발견하게 해주고, 젊은이에게는 자신이 꿈꾸는 미래로 한 발짝 더 다가서게 합니다.

　나를 기록하는 것은 자신의 이야기를 쓰는 것이기 때문에 나 보다 더 많이 알고 잘 쓸 수 있는 사람은 없습니다. 글쓰기의 기본적인 요소들을 익힌 뒤 연상력과 추리력을 발휘해 지난 일들을 정리하다 보면, 세상에서 가장 유능하고 행복한 작가가 될 수 있습니다.

　기록은 관찰과 사고의 산물이어서 기록을 시작하는 순간부터 해결사이자 뛰어난 통찰력의 소유자가 될 수 있습니다. 어떤 대상을 관찰하고 압축·정리하면 아주 복잡하고 추상적인 일들도 쉽고 간결하게 표현할 수 있으며, 새로운 의미를 도출하는 즐거움도 느낄 수 있습니다.

　또한 자기기록을 남겨야겠다고 생각하는 순간부터 일상에서 겪게 되는 사소한 일도 그냥 지나치지 못하는 관찰자이자 상상가가 될 수 있습니다. 기록의 관점에서 보면 사소한 일상 속에서도 많은 의미를 이끌어 낼 수 있으며, 지난 일들이 연상되어 늘 모든 사물에 흥미를 느끼고 행복할 수 있습니다.

　기록은 어떤 사실을 있는 그대로 기술하는 것이 아니라 수많은 사실과 현상을 이해하기 쉽게 묶어 주고 서로를 연관시켜 큰 그림을 그릴 수 있게 해줍니다. 자신을 기록하는 것은 자가점검이며 미래설계여서 우리가 바라던 삶으로 한층 더 다가설 수 있게 해줍니다.

일러두기 | *Explanation*

1. 생애주기별(대주제)로 겪게 되는 일들을 중주제와 소주제로 정리·구성했습니다.

2. 각 대주제의 첫 번째 지면은 해당 연령대의 요약으로 다음과 같이 작성할 수 있습니다.

> Ex) 나의 20대는   ,   ,   등에 모든 역량을 집중한 정열과 낭만의 시대였다.
>
> 가정적으로는   ,   ,   등이 있었다. 업무적으로는   ,   ,   등의 성과를 거두었다.
>
> 이 같은 성과를 위해   ,   ,   등의 노력을 했다.
>
> 나는 20대 동안   ,   ,   등에 보람과 감동을 느꼈으며, 나에게   ,   ,   등의 영향을 주었다.
>
> 그러나   ,   ,   등은 아쉬운 일로, 30대에는 같은 실수를 되풀이 하지 않도록 미리 준비하고 자기계발을 게을리하지 않기로 했다.

3. 대주제별 주요 일정은 해당 연령대에 있었던 주요 행사 또는 기념일 등을 기록하기 위한 공간입니다.

4. 제시된 중주제와 소주제 중 자신이 기록하고 싶은 내용이 없거나 다른 경우는 수정하여 사용하실 수 있습니다.

5. 제시된 중주제의 연령대와 자신이 경험한 연령대가 다른 경우, 예를 들어 '출산과 육아'는 30대의 중주제인데 20대에 자녀를 출산했다면, 30대 중주제인 '출산과 육아' 란에 일시, 장소, 자신의 나이 등을 포함하여 내용을 기록하면 됩니다.

6. 대주제 마지막 부분의 '꼭 남기고 싶은 이야기'는 쓰고 싶은 내용이 있으나 소주제로 제시되지 않은 경우 사용하십시오.

7. 필기구는 먹물을 사용하는 필기구, 염료계 검정색 잉크를 사용하는 만년필 등의 펜류, 수성 또는 중성 잉크를 사용하는 검정색 볼펜 순으로 보존성이 높습니다.

8. 본 수첩은 편의를 돕기 위한 것일 뿐, 자신의 기준에 따라 자유롭게 기록하는 것이 가장 바람직한 기록방법임을 알려 둡니다.

National Archives of Korea | *My life story*
www.archives.go.kr

사 과 나 무 일 기

Contents

- 추천사
- 사과나무 일기를 펴내며
- 나를 기록하는 기술
- 나를 행복하게 하는 기록
- 일러두기

I. 나의 출생과 유년기 (0~7세)

1. 나의 출생
- 내가 태어나기 전 부모님 이야기 · · · · · · 50
- 태몽이야기 · · · · · · 51
- 부모님의 태교 · · · · · · 52
- 태어난 곳과 가족상황 · · · · · · 53
- 작명하신 분과 이름에 담긴 뜻 · · · · · · 54
- 가족들에게 있어 나의 존재감 · · · · · · 55

2. 유년기
- 내 고향 · · · · · · 60
- 가장 어릴적(오래된) 기억 · · · · · · 61
- 지금도 기억하는 일들 · · · · · · 62
- 가장 따랐던 사람 · · · · · · 63
- 친지에게 들은 나(성격 행동 등) · · · · · · 64

II. 질풍노도의 시기 (8~20세)

1. 초등학교
- 초등학교 입학하던 날 · · · · · · 76
- 나에게 영향을 준 사람 · · · · · · 77
- 가장 기억에 남는 일 · · · · · · 78
- 가장 인상 깊었던 책(처음 본 책 등) · · · · · · 79
- 좋아했던 것(운동 음악 놀이 등) · · · · · · 80
- 지금도 기억하는 충격적인 사건 · · · · · · 81
- 어릴 적 나의 꿈 · · · · · · 82
- 가정형편과 그 속의 나 · · · · · · 83
- 친구들 · · · · · · 84

2. 중학교
- 중학생일때 나를 소개하면 · · · · · · 90

- 나의 관심사 · 91
- 존경했던 인물 · 92
- 그 시절 가장 큰 고민 · · · · · · · · · · · · · · · · 93
- 가족과 나의 변화 · · · · · · · · · · · · · · · · · · · 94
- 새로운 세상에 눈뜨게 한 영화 · · · · · · · · 95
- 지금도 잊을 수 없는 일 · · · · · · · · · · · · · 96

3. 고등학교
- 고교생 되던 날의 각오 · · · · · · · · · · · · · 102
- 친구들과의 우정 · · · · · · · · · · · · · · · · · · · 103
- 가장 열중했던 일 · · · · · · · · · · · · · · · · · · 104
- 나의 사춘기 · 105
- 지금도 미소 짓게 하는 것들 · · · · · · · · · 106
- 고교시절의 꿈들 · · · · · · · · · · · · · · · · · · · 107
- 입시준비 · 108
- 나의 은사님 · 109
- 자존감을 일깨운 격려의 말들 · · · · · · · · 110

Ⅲ. 꿈과 도전
(21~30세)

1. 준비와 성취
- 대학(취업) 선택의 이유 · · · · · · · · · · · · 122
- 가장 절실했던 것은 · · · · · · · · · · · · · · · · 123
- 당시 사회적 이슈와 나의 견해 · · · · · · · 124
- 젊은 날의 고민과 갈등 · · · · · · · · · · · · · 125
- 군대(단체)생활의 추억 · · · · · · · · · · · · · 126
- 가장 자랑스러운 일 · · · · · · · · · · · · · · · · 127
- 가장 기억에 남는 여행 · · · · · · · · · · · · · 128
- 꿈과 도전 · 129
- 사회인으로의 출발 · · · · · · · · · · · · · · · · · 130
- 다시 돌아 갈 수 있다면 · · · · · · · · · · · · · 131

2. 사랑과 결혼
- 내가 꿈꿔 온 이상형 · · · · · · · · · · · · · · · 136
- 첫 만남, 고백 그리고… · · · · · · · · · · · · · 137
- 연애기간 가장 기억 남는 것 · · · · · · · · · 138
- 청혼하던(받던) 날의 추억 · · · · · · · · · · · 139
- 예비 가족들과의 첫 만남(상견례)과 느낌 140

- 결혼 · 141
- 신혼생활 · 143
- 독립하며 부모님께 드리는 글 · · · · · · · · · · · 144
- 결혼 후 첫 부부싸움 · · · · · · · · · · · · · · · 145

3. 직장과 생활
- 첫 출근, 첫 업무 · · · · · · · · · · · · · · · · · 150
- 첫 상사와의 만남과 영향 · · · · · · · · · · · · · 151
- 첫 월급 · 152
- 처음 받은 칭찬 · · · · · · · · · · · · · · · · · · 153
- 직장에 대한 환상과 현실 · · · · · · · · · · · · · 154
- 어이없는 실수와 교훈 · · · · · · · · · · · · · · 155
- 성취의 기쁨과 보람 · · · · · · · · · · · · · · · 156
- 자기계발 노력 · · · · · · · · · · · · · · · · · · 157
- 새롭게 만난 사람들 · · · · · · · · · · · · · · · 158
- 직장에서 하고 싶었던 일들 · · · · · · · · · · · 159
- 직장에서의 나의 목표 · · · · · · · · · · · · · · 160

Ⅳ. 희망과 열정
(31~40세)

1. 출산과 육아
- 내 아이 최초의 기록들 · · · · · · · · · · · · · 174
- 내 아이는 · 177
- 내 아이를 위한 기도(나의 소망) · · · · · · · · · 181
- 가장 사랑스러웠을 때 · · · · · · · · · · · · · · 183
- 아이가 아팠을 때 · · · · · · · · · · · · · · · · 186
- 아이와 함께한 가장 행복한 추억 · · · · · · · · 189
- 내 아이의 천재성 · · · · · · · · · · · · · · · · 192
- 나는 좋은 부모인가 · · · · · · · · · · · · · · · 195

2. 시간과 변화
- 가족구성과 생활의 변화 · · · · · · · · · · · · · 200
- 미래를 위한 경제적 노력들 · · · · · · · · · · · 201
- 내 집으로 이사 가던 날 · · · · · · · · · · · · · 202
- 우리 가족의 평범한 하루 · · · · · · · · · · · · 203
- 내가 열광했던 것들 · · · · · · · · · · · · · · · 204
- 가장 기쁜 일 슬픈 일 · · · · · · · · · · · · · · 205
- 배우자에 대한 감사와 약속 · · · · · · · · · · · 206

3. 노력과 성취
- 나의 직업은 · · · · · · · · · · · · 212
- 신출내기의 애환 · · · · · · · · · · 213
- 직장에서의 나의 존재감 · · · · · · 214
- 위기의 순간들 · · · · · · · · · · · 215
- 나의 목표와 노력 · · · · · · · · · 216
- 나의 멘토 · · · · · · · · · · · · · 217
- 반전의 묘미 · · · · · · · · · · · · 218
- 영광의 순간들 · · · · · · · · · · · 219
- 닮고 싶은 사람 · · · · · · · · · · 220

4. 삶과 여정
- 나의 변화 · · · · · · · · · · · · · 226
- 평생 함께 가야할 사람들 · · · · · 227
- 내가 넘어야할 산들 · · · · · · · · 228
- 인생관에 영향을 준 사건 · · · · · 229
- 고뇌와 번뇌의 순간들 · · · · · · · 230
- 정리하고 싶은 것들 · · · · · · · · 231
- 실망을 안겨 준 사건들 · · · · · · 232
- 내 인생(30대 기준) 최고의 모험 · · 233
- 미리 그려보는 나의 미래 · · · · · 234

V. 일과 삶
(41~50세)

1. 자녀의 성장과 교육
- 아이들의 학교생활 · · · · · · · · · 246
- 내 아이들이 좋아하는 것들 · · · · 248
- 아이들과의 전쟁과 평화 · · · · · · 250
- 성장하면서 자랑스러웠던 순간들 · 252
- 가장 걱정하고 염려했던 것 · · · · 255
- 이 것만은 안 닮았으면 · · · · · · 256
- 아이와 둘만의 소중한 추억 · · · · 257
- 꼭 지키고 싶은 약속 · · · · · · · 258

2. 안정과 성숙
- 직장에서 나의 위치와 역할 · · · · 264
- 내 인생의 우선순위 · · · · · · · · 265
- 가장 성공적인 일들 · · · · · · · · 266

- 직장 내 인간관계 자가진단 · · · · · · · · · 266
- 시간이 더 있다면 하고 싶은 것 · · · · · · · 268
- 피하고 싶은 일들 · · · · · · · · · · · · · · · 269
- 나를 절망에 빠트린 일들 · · · · · · · · · · 270
- 다시 생각해도 잘 한 일들 · · · · · · · · · 271
- 40대에 이룬 업적들 · · · · · · · · · · · · · 272
- 다시 세운 목표와 노력 · · · · · · · · · · · 274

3. 사색과 충전
- 중년이 되어 내가 살던 마을 · · · · · · · · 280
- 나의 변화 · 281
- 결혼 이후의 변화들 · · · · · · · · · · · · · 282
- 부모가 되어 다시 생각해 본 나의 부모님 · · · · · 283
- 가족들을 위한 나의 노력 · · · · · · · · · · 284
- 가장 많은 영향을 미친 사람 · · · · · · · · 286
- 나를 성숙하게 한 계기들 · · · · · · · · · · 288
- 의미 있는 휴가와 여행 · · · · · · · · · · · 290
- 나의 사람들 · · · · · · · · · · · · · · · · · · 292
- 새로 생긴 관심사 · · · · · · · · · · · · · · · 293
- 뒤 늦게 깨달은 것들 · · · · · · · · · · · · · 294
- 건강을 위한 투자와 노력 · · · · · · · · · · 295

VI. 성숙과 반전
(51~60세)

1. 자녀의 졸업과 결혼
- 성년이 되기까지의 추억 · · · · · · · · · · 308
- 이런 청년이 되었으면 · · · · · · · · · · · · 309
- 내 아이의 졸업 · · · · · · · · · · · · · · · · 312
- 사회진출 · 314
- 이젠 말할 수 있는 것들 · · · · · · · · · · · 316
- 인생 선배로서의 조언 · · · · · · · · · · · · 317
- 내 아이의 결혼식 · · · · · · · · · · · · · · · 318
- 신혼여행을 다녀 온 자녀에게 · · · · · · · 321

2. 기여와 성취
- 나의 현주소 · · · · · · · · · · · · · · · · · · 328
- 내가 꿈꿔 온 일과 삶 · · · · · · · · · · · · 329
- 내가 이룬 것 · · · · · · · · · · · · · · · · · · 330

- 내가 가장 잘 할 수 있는 것 · · · · · · · · · 332
- 사회에 되돌려 주어야 할 것들 · · · · · · · · · 333
- 나를 따르는 후배에게 · · · · · · · · · 335
- 못다한 과제 · · · · · · · · · 336
- 일하는 재미와 보람 · · · · · · · · · 338
- 결자해지의 노력 · · · · · · · · · 339

3. 환원과 준비
- 나의 가족들 · · · · · · · · · 344
- 평생 함께 하고 싶은 사람들 · · · · · · · · · 345
- 되돌려 본 인생의 전환점들 · · · · · · · · · 346
- 이젠 용서해야 할 것들 · · · · · · · · · 348
- 살면서 가장 잘한 일 · · · · · · · · · 349
- 진심으로 감사하고 싶은 일 · · · · · · · · · 351
- 스스로 고쳐야 할 일 · · · · · · · · · 353
- 최근 발견한 나의 잠재력 · · · · · · · · · 354
- 나의 건강나이 자가진단 · · · · · · · · · 355
- 더욱 커지는 나의 꿈 · · · · · · · · · 356

VII. 또 다른 시작
(60세~)

1. 새판짜기
- 다시 그리는 인생설계 · · · · · · · · · 342
- 미루어 두었던 사소한 일들 · · · · · · · · · 373
- 그때로 돌아가 다시하고 싶은 것 · · · · · · · · · 370
- 끝까지 지키고 싶은 가치와 신념 · · · · · · · · · 371
- 새로운 목표와 도전 · · · · · · · · · 373

2. 인생즐기기
- 나의 이웃과 마을 · · · · · · · · · 378
- 인생 2막의 가족들 · · · · · · · · · 379
- 참된 우정과 동반자들 · · · · · · · · · 380
- 사랑과 나눔의 실천 · · · · · · · · · 381
- 못다 즐긴 것들 · · · · · · · · · 382
- 미리 쓰는 유언장 · · · · · · · · · 383

- **나의 연대기** · · · · · · · · · 390
- **에필로그** · · · · · · · · · 415

나의 가계도

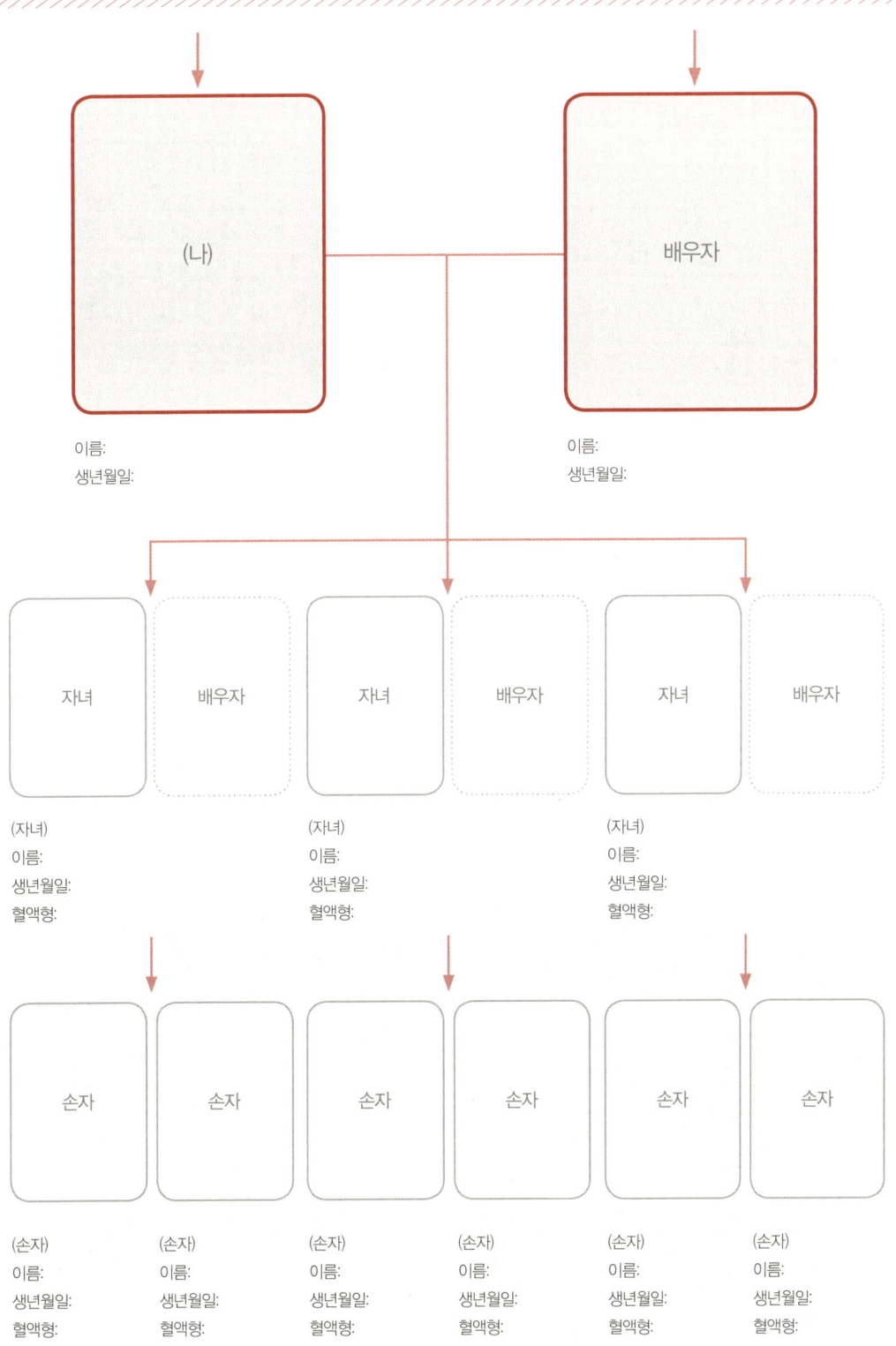

나의 가족

이 름	관계	연락처	생년월일	비 고

가족사진

사진설명 :

가족과 함께한 사진

가족사진

사진설명 :

가족사진

사진설명 :

가족과 함께한 사진

가족사진

사진설명 :

가족사진

사진설명 :

가족과 함께한 사진

[가족사진]

사진설명 :

[가족사진]

사진설명 :

나의 친인척

이 름	관계	연락처	생년월일	비 고

친인척과 함께한 사진

친인척과 함께

사진설명 :

친인척과 함께

사진설명 :

친인척과 함께한 사진

친인척과 함께

사진설명 :

친인척과 함께

사진설명 :

친인척과 함께한 사진

친인척과 함께

사진설명 :

친인척과 함께

사진설명 :

친구 / 모임

구분	이름	연락처	생년월일	비고
친구				
모임·클럽				

친구들과 함께한 사진

친구들과 함께

사진설명 :

친구들과 함께

사진설명 :

친구들과 함께한 사진

친구들과 함께

사진설명 :

친구들과 함께

사진설명 :

친구들과 함께한 사진

행사 / 단체사진

사진설명 :

행사 / 단체사진

사진설명 :

나의 이력서

1. 인적사항

(사진)	이　름		성별/나이	
	주민등록 번　　호		휴대폰	
	생년월일		자택전화	
	E-mail			
	호주와의 관　　계		호주성명	

주소	년　　월　　일	
	년　　월　　일	
	년　　월　　일	
	년　　월　　일	
	년　　월　　일	
	년　　월　　일	

2. 학력 및 교육

기　간	출신학교명	전　공	졸업구분

3. 경력사항

근무기간	회사명	부서명	직위	업무내용

4. 자격사항 / 외국어능력 / 컴퓨터능력

자격사항	자격명	취득일	발행처	비고

신체사항 / 건강

신체사항	생년월일		혈액형	
	키		몸무게	
	시력	좌 　 우	청력	좌 　 우
	허리둘레		발크기	
	장애		띠	
	특이사항			

병력		

특징		

National Archives of Korea | *My life story*
www.archives.go.kr

사 과 나 무 일 기

나의 기록을 시작하며

젊은날의 신념

나의 꿈과 목표

기록의 목적

주요 기록내용

나의 기록을 읽을 사람들에게

My birth and childhood

출생과 어린시기

National Archives of Korea
www.archives.go.kr | My life story

I. 나의 출생과 유년기 (0~7세)

  빛바랜 사진처럼 희미해져 내 기억인지, 누군가에게 들은 것인지 조차 분간이 안 되지만, 나의 출생이야기와 어릴 적 추억은 평생 동안 내 자존감과 긍지를 일깨워 준다.

  생후 5주쯤에 사물을 구분하는 눈을 떴고, 3~4세에는 좋고 싫음을 구분하는 기준이 나의 내면에 자리 잡았으며, 7세쯤에는 세상을 사는데 필요한 지식의 절반 이상을 이미 익혔을 터이다.

  까마득히 잊혀진 과거지만, 지금의 나와 기억의 저 끝에 연실처럼 이어진 유년의 경험들을 통해 내면에 잠재해 평생을 함께할 나의 기원을 찾아 정리해 본다.

나의 출생과 유년기(요약)

주요일지

년(나이)	월	일	주요내용	비고

년(나이)	월	일	주요내용	비고

주요일지

년(나이)	월	일	주요내용	비고

National Archives of Korea | *My life story*
www.archives.go.kr

1. 나의 출생

· 내가 태어나기 전 부모님 이야기
· 태몽이야기
· 부모님의 태교
· 태어난 곳과 가족상황
· 작명하신 분과 이름에 담긴 뜻
· 가족들에게 있어 나의 존재감

1. 내가 태어나기 전 부모님 이야기

- 첫만남

- 결혼까지의 과정

- 신혼생활

2. 태몽이야기

- 꿈꾼 사람

- 내용

- 일반적 해몽

- 부모님 해몽

3. 태교

- 부모님께 들은 태교내용

- 태아의 특징

- 임신 중 에피소드

4. 태어난 곳과 가족상황

- 주소

- 집의 양식 · 구조(그림)

- 함께 살던 가족들

5. 작명하신 분과 이름에 담긴 뜻

- 작명자

- 작명배경

- 뜻풀이

- 부모님의 소망

6. 가족들에게 있어 나의 존재감

- 가계소개

- 조부모와 부모

- 형제관계

꼭 남기고 싶은 이야기 1

꼭 남기고 싶은 이야기 2

꼭 남기고 싶은 이야기 3

National Archives of Korea | *My life story*
www.archives.go.kr

2. 유년기

· 내 고향
· 가장 어릴적(오래된) 기억
· 지금도 기억하는 일들
· 가장 따랐던 사람
· 친지에게 들은 나(성격 행동 등)

1. 내 고향

- 주소

- 마을소개(약도)

- 많이 하던 놀이와 추억의 장소

2. 가장 어릴적(오래된) 기억

- 일시

- 장소(약도)

- 함께했던 사람

- 내용

3. 지금도 기억하는 일들

- 일시

- 장소(약도)

- 내용

- 그 당시의 느낌

4. 가장 따랐던 사람

- 성명

- 관계

- 좋아 한 이유

- 함께한 일들

5. 친지에게 들은 나(성격 행동 등)

- 친지소개(성명, 관계)

- 나에 대한 친지의 기억(성격, 외모, 별명)

꼭 남기고 싶은 이야기 1

꼭 남기고 싶은 이야기 2

꼭 남기고 싶은 이야기 3

Storm and gale of life

National Archives of Korea | *My life story*
www.archives.go.kr

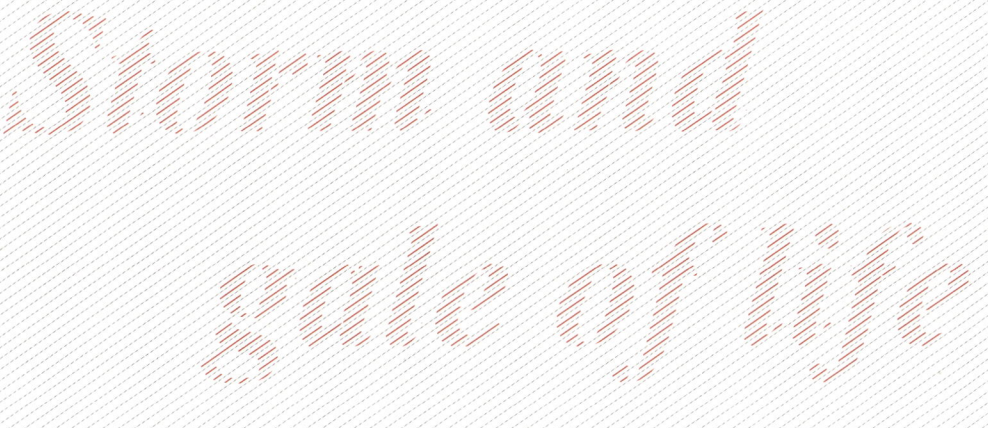

Ⅱ. 질풍노도의 시절 (8~20세)

사춘기를 겪는 나이가 사람마다 조금씩 다르기는 하지만, 대부분은 10대에 질풍노도의 시절을 경험한다. 몸도 마음도 빠르게 성인이 되어가는 시기인 만큼 성장통도 컸다.

피를 나눈 가족 보다 친구가 좋았고, 나도 내 마음을 모를 만큼 감정의 폭이 컸다. 혼돈의 바다에서 꿈과 좌절의 파고를 넘나들며 일생 중 가장 많은 변화를 겪었다.

지금도 나를 가슴 뛰게 하는 그 시절의 꿈, 평생을 함께할 친구들, 내 인생관, 첫 사랑. 이미 내 인생의 절반이 정해졌을지도 모들 그 시절의 추억과 고뇌를 되짚어 본다.

나의 성장기(요약)

주요일지

년(나이)	월	일	주요내용	비고

년(나이)	월	일	주요내용	비고

주요일지

년(나이)	월	일	주요내용	비고

National Archives of Korea
www.archives.go.kr | *My life story*

1. 초등학교

· 초등학교 입학하던 날
· 나에게 영향을 준 사람
· 가장 기억에 남는 일
· 가장 인상 깊었던 책(처음 본 책 등)
· 좋아했던 것(운동 음악 놀이 등)
· 지금도 기억하는 충격적인 사건
· 어릴적 나의 꿈
· 가정형편과 그 속의 나
· 친구들

1. 초등학교 입학하던 날

- 일시

- 학교

- 담임선생님과 말씀

- 소감

2. 나에게 영향을 준 사람

- 성명

- 관계

- 내용

- 미친 영향

3. 가장 기억에 남는 일

- 일시

- 장소

- 내용

- 기억에 남는 이유

4. 가장 인상 깊었던 책(처음 본 책 등)

• 일시

• 제목과 줄거리

• 읽게 된 계기

• 독후감

5. 좋아했던 것(운동 음악 놀이 등)

• 놀이명과 설명

• 장소

• 함께한 사람

• 좋아한 이유

6. 지금도 기억하는 충격적인 사건

- 일시

- 장소

- 관계된 사람

- 내용

- 당시 느낌

7. 어릴적 나의 꿈

- 일시

- 내용

- 동기

- 꿈을 위한 노력

8. 가정형편과 그 속의 나

- 일시

- 가족상황

- 부모님 직업

- 내게 미친 영향

9. 친구들

- 성명

- 친하게 된 계기

- 특징

- 그들과의 추억

꼭 남기고 싶은 이야기 1

꼭 남기고 싶은 이야기 2

꼭 남기고 싶은 이야기 3

꼭 남기고 싶은 이야기 4

2. 중학교

· 중학생일 때 나를 소개하면
· 나의 관심사
· 존경했던 인물
· 그 시절 가장 큰 고민
· 가족과 나의 변화
· 새로운 세상에 눈뜨게 한 영화
· 지금도 잊을 수 없는 일

1. 중학생일 때 나를 소개하면

- 신체조건

- 성격

- 성적

- 교우관계

- 특별활동

2. 나의 관심사

- 내용

- 계기

- 활동사항

- 결과

3. 존경했던 인물

- 인물

- 계기

- 구체적 이유

- 현재 평가

4. 그 시절 가장 큰 고민

- 기간

- 내용

- 이유

- 극복노력

- 결과

5. 가족과 나의 변화

- 가족상황

- 각자에 대한 기술

- 나와의 관계

6. 새로운 세상에 눈뜨게 한 영화

- 제목

- 일시 장소

- 줄거리

- 감명 받은 내용

7. 지금도 잊을 수 없는 일

- 일시 · 장소

- 내용

- 이유

- 내게 미친 영향

꼭 남기고 싶은 이야기 1

꼭 남기고 싶은 이야기 2

꼭 남기고 싶은 이야기 3

꼭 남기고 싶은 이야기 4

National Archives of Korea | *My life story*
www.archives.go.kr

3. 고등학교

· 고교생 되던 날의 각오
· 친구들과의 우정
· 가장 열중했던 일
· 나의 사춘기
· 지금도 미소 짓게하는 것들
· 고교시절의 꿈들
· 입시준비
· 나의 은사님
· 자존감을 일깨운 격려의 말들

1. 고교생 되던 날의 각오

- 일시

- 학교

- 스스로의 각오

- 그 이후 실천

2. 친구들과의 우정

- 이름

- 가까워진 계기

- 추억들

- 지금은

3. 가장 열중했던 일

- 내용

- 계기

- 활동

- 결과

4. 나의 사춘기

- 기간

- 가장 큰 고민

- 멘토

- 극복노력

- 결과

5. 지금도 미소 짓게하는 것들

- 에피소드1(일시, 장소, 내용)

- 에피소드2

- 에피소드3

6. 고교시절의 꿈들

- 꿈의 변화

- 계기 또는 이유

- 가장 오래 지속된 꿈

7. 입시준비

- 성적

- 당시 목표

- 전략 · 노력

- 결과 · 반성

8. 나의 은사님들

- 존경하는 선생님

- 선생님이 주신 교훈

9. 자존감을 일깨운 격려의 말들

- 일시 · 장소

- 격려내용

- 말씀배경

- 소감 · 영향

꼭 남기고 싶은 이야기 1

꼭 남기고 싶은 이야기 2

꼭 남기고 싶은 이야기 3

Dreams and challenges

과학기술 30

National Archives of Korea
www.archives.go.kr | My life story

Ⅲ. 꿈과 도전 (21~30세)

온 세상이 나를 위해 존재하고, 세상에 못할 일이 없을 것 같았지만, 나의 현주소와 현실의 높은 벽을 마주하며, 삶의 무게와 세상이 녹록치 않음을 알게 되었다.

들판에 서 있는 것은 무엇이든 흔들리며 큰다. 때로는 나의 못남에, 때로는 현실의 높은 벽에 상처받고 좌절하기도 했지만, 20대의 도전과 경험, 그 때 세운 목표, 사회진출은 내 삶에 많은 변화와 성장을 가져왔다.

청춘과 열정의 시절에 겪었던 의미 있는 기억과 꿈, 친구들과의 우정, 뜨겁던 사랑, 가치관과 사회환경 등을 뒤돌아보며 나의 삶과 일을 설계해 본다.

나의 20대(요약)

주요일지

년(나이)	월	일	주요내용	비고

년(나이)	월	일	주요내용	비고

주요일지

년(나이)	월	일	주요내용	비고

National Archives of Korea | *My life story*
www.archives.go.kr

1. 준비와 성취

- 대학(취업) 선택 이유
- 가장 절실했던 것은
- 당시 사회적 이슈와 나의 견해
- 젊은 날의 고민과 갈등
- 군대(단체)생활의 추억
- 가장 자랑스러운 일
- 가장 기억에 남는 여행
- 꿈과 도전
- 사회인으로의 출발
- 다시 돌아 갈 수 있다면

1. 대학(취업) 선택의 이유

- 대학(회사명)과 학과소개

- 선택이유

- 학업·목표

2. 가장 절실했던 것은

- 기간

- 내용

- 배경

- 해결노력

- 결과

3. 당시 사회적 이슈와 나의 견해

- 이슈1(일시, 내용, 배경, 견해)

- 이슈2

- 이슈3

4. 젊은 날의 고민과 갈등

- 기간

- 내용

- 배경

- 고통 · 해결노력

- 결과

5. 군대(단체)생활의 추억

- 기간

- 부대(단체 · 동아리)소개

- 역할

- 추억들

6. 가장 자랑스러운 일

- 일시 · 장소

- 내용

- 이유

- 내게 미친 영향

7. 가장 기억에 남는 여행

- 일시 · 장소

- 내용

- 이유

8. 꿈과 도전

- 내용

- 동기·목표

- 계획·노력

- 결과

9. 사회인으로의 출발

- 졸업식

- 진로결정

- 당시 사회적 배경

- 각오

10. 다시 돌아 갈 수 있다면

- 아쉬운 일들

- 나에게 미친 영향

- 반성·교훈

꼭 남기고 싶은 이야기 1

꼭 남기고 싶은 이야기 2

꼭 남기고 싶은 이야기 3

National Archives of Korea | *My life story*
www.archives.go.kr

2. 사랑과 결혼

· 내가 꿈꿔 온 이상형
· 첫만남, 고백 그리고 · · ·
· 연애기간 가장 기억 남는 것
· 청혼하던(받던) 날의 추억
· 예비 가족들과의 첫 만남과(상견례) 느낌
· 결혼
· 신혼생활
· 독립하며 부모님께 드리는 글
· 결혼 후 첫 부부싸움

1. 내가 꿈꿔 온 이상형

- 외모(닮은 연예인)

- 성격

- 직업

- 가족상황 · 성장환경

2. 첫만남, 고백 그리고···

- 일시 · 장소

- 분위기 · 느낌

- 고백 한(받은) 그 날은

- 서로에게 가장 끌린 것은

3. 연애기간 가장 기억 남는 것

- 일시 · 장소

- 내용

- 분위기 · 느낌

4. 청혼하던(받던) 날의 추억

- 일시 · 장소

- 내용

- 이벤트 · 선물

- 기억에 남는 말

5. 예비 가족들과의 첫 만남과(상견례) 느낌

- 일시 · 장소

- 만난 사람

- 첫인상

- 내용

- 소감

6. 결혼

- 결혼준비

- 결혼준비

- 결혼식(일시 · 장소 · 주례 · 축가 · 주요 하객 · 피로연)

6. 결혼

• 신혼여행(일정, 여행지, 내용, 소감)

7. 신혼생활

- 신혼집(주소, 구조, 소유)

- 첫날 소감

- 하루 일정

- 행복했던 일들(집들이, 첫 손님 등)

8. 독립하며 부모님께 드리는 글

- 부모님에 대한 감사

- 부모님에 대한 사죄

- 부모님에 대한 약속과 다짐

9. 결혼 후 첫 부부싸움

- 일시 · 장소

- 원인

- 내용

- 화해

- 앞으로의 다짐

꼭 남기고 싶은 이야기 1

꼭 남기고 싶은 이야기 2

꼭 남기고 싶은 이야기 3

National Archives of Korea | *My life story*
www.archives.go.kr

3. 직장과 생활

· 첫 출근, 첫 업무
· 첫 상사와의 만남과 영향
· 첫 월급
· 처음 받은 칭찬
· 직장에 대한 환상과 현실
· 어이없는 실수와 교훈
· 성취의 기쁨과 보람
· 자기계발 노력
· 새롭게 만난 사람들
· 직장에서 하고 싶었던 일들
· 직장에서의 나의 목표

1. 첫 출근, 첫 업무

- 회사소개

- 회사에 들어오기 까지(지원동기, 시험, 합격 소회)

- 첫 부서 · 업무

- 소감 · 다짐

2. 첫 상사와의 만남과 영향

- 일시 · 장소 · 상사소개

- 첫 지시

- 내게 미친 영향

3. 첫 월급

- 일시 · 금액

- 사용내역

- 선물내역(준 사람, 이유)

- 소감

4. 처음 받은 칭찬

- 일시 · 장소 · 내용

- 칭찬이유

- 내게 미친 영향

5. 직장에 대한 환상과 현실

- 내가 꿈꿔 온 직장

- 환상이 깨진 사례들(일시, 내용)

6. 어이없는 실수와 교훈

- 실수 · 교훈1

- 실수 · 교훈2

- 실수 · 교훈3

7. 성취의 기쁨과 보람

- 일시 · 장소 · 내용

- 성취노력

- 보람 · 미친영향

8. 자기계발 노력

- 일시 · 장소 · 내용

- 동기 · 목표

- 성과

- 당시 향후 계획

9. 새롭게 만난 사람들

- 인물소개

- 만나게 된 계기

- 함께한 일들

- 그 이후

10. 직장에서 하고 싶었던 일들

- 하고 싶었던 일

- 실제 담당업무

- 노력 · 성취

12. 직장에서의 나의 목표

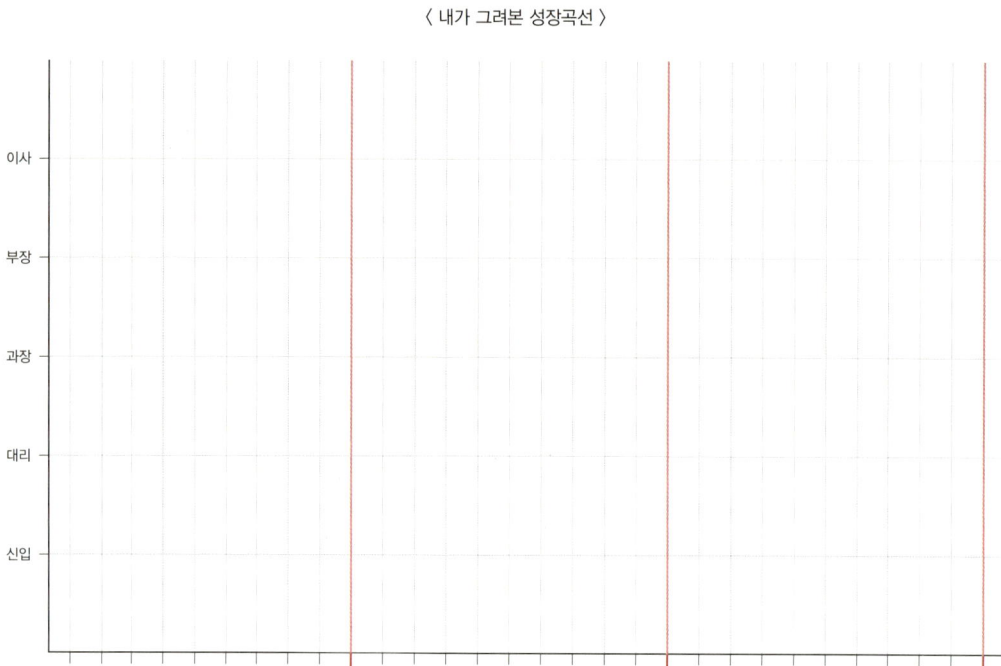

〈 내가 그려본 성장곡선 〉

• 1년 뒤

• 5년 뒤

- 10년 뒤

- 20년 뒤

꼭 남기고 싶은 이야기 1

꼭 남기고 싶은 이야기 2

꼭 남기고 싶은 이야기 3

꼭 남기고 싶은 이야기 4

Hope and enthusiasm

National Archives of Korea | *My life story*
www.archives.go.kr

Ⅳ. 희망과 열정 (31~40세)

　치열한 20대를 보내며 서른 즈음에는 뭐든 이룰 줄 알았지만 여전히 빈손이다. 냉혹한 현실 앞에 한없이 작아지고 유혹에 빠지기도 하지만, 내 인생의 많은 것들을 바꾼 진정한 용기와 도전의 시기였다.

　많은 도전과 시행착오 끝에 꿈꾸어 왔던 것들을 하나씩 둘씩 실천했고, 좀 더 멀리 보며 미래를 설계하고 새로운 일들에 도전할 수 있어 직장에서도, 가정에서도 안정을 이룬 인생의 황금기였다.

　내 인생의 선장이 되어 시련의 파고를 넘어선 후에야 비로소 알게 된 나만의 기회와 위기, 일과 사랑, 30대에 내가 경험한 모든 것들을 정리해 본다.

나의 30대 (요약)

주요일지

년(나이)	월	일	주요내용	비고

년(나이)	월	일	주요내용	비고

주요일지

년(나이)	월	일	주요내용	비고

National Archives of Korea | *My life story*
www.archives.go.kr

1. 출산과 육아

· 내 아이 최초의 기록들
· 내 아이는
· 내 아이를 위한 기도(나의 소망)
· 가장 사랑스러웠을 때
· 아이가 아팠을 때
· 아이와 함께한 가장 행복한 추억
· 내 아이의 천재성
· 나는 좋은 부모인가

1. 내 아이 최초의 기록들

- 첫째의 임신 소감

- 태몽(태명)

- 이름

- 작명자

- 이름풀이

- 나의 바람

- 둘째의 임신 소감

- 태몽(태명)

- 이름

- 작명자

- 이름풀이

- 나의 바람

1. 내 아이 최초의 기록들

- 셋째의 임신 소감

- 태몽(태명)

- 이름

- 작명자

- 이름풀이

- 나의 바람

2. 내 아이는

- 첫째의 외모 · 건강(사진)

- 성격 · 버릇

- 좋아하는 것들

2. 내 아이는

- 둘째의 외모 · 건강(사진)

- 성격 · 버릇

- 좋아하는 것들

- 셋째의 외모 · 건강(사진)

- 성격 · 버릇

- 좋아하는 것들

3. 내 아이를 위한 기도(나의 소망)

• 건강 · 소망(첫째 아이)

• 종교 · 신념

• 직업

• 사회적 기여

- 건강 · 소망(둘째 아이)

- 종교 · 신념

- 직업

- 사회적 기여

3. 내 아이를 위한 기도(나의 소망)

- 건강 · 소망(셋째 아이)

- 종교 · 신념

- 직업

- 사회적 기여

4. 가장 사랑스러웠을 때

- 일시 · 장소(첫째 아이)

- 내용

- 소감

4. 가장 사랑스러웠을 때

- 일시·장소(둘째 아이)

- 내용

- 소감

- 일시 · 장소(셋째 아이)

- 내용

- 소감

5. 아이가 아팠을 때

- 일시(첫째 아이)

- 증상 · 치료

- 당시의 심정

- 일시(둘째 아이)

- 증상 · 치료

- 당시의 심정

5. 아이가 아팠을 때

- 일시(셋째 아이)

- 증상 · 치료

- 당시의 심정

6. 아이와 함께한 가장 행복한 추억

- 일시·장소(첫째 아이)

- 내용

- 아이의 반응

- 나의 소감

6. 아이와 함께한 가장 행복한 추억

- 일시 · 장소(둘째 아이)

- 내용

- 아이의 반응

- 나의 소감

- 일시・장소(셋째 아이)

- 내용

- 아이의 반응

- 나의 소감

7. 내 아이의 천재성

- 일시 · 장소(첫째 아이)

- 내용

- 판단이유

- 그 이후

- 일시 · 장소(둘째 아이)

- 내용

- 판단이유

- 그 이후

7. 내 아이의 천재성

- 일시 · 장소(셋째 아이)

- 내용

- 판단이유

- 그 이후

8. 나는 좋은 부모인가

- 스스로의 판단

- 이유

- 아이들의 평가

- 주변의 평판

꼭 남기고 싶은 이야기 1

꼭 남기고 싶은 이야기 2

꼭 남기고 싶은 이야기 3

National Archives of Korea
www.archives.go.kr | *My life story*

2. 시간과 변화

· 가족구성과 생활의 변화
· 미래를 위한 경제적 노력들
· 내 집으로 이사 가던 날
· 우리 가족의 평범한 하루
· 내가 열광했던 것들
· 가장 기쁜 일 슬픈 일
· 배우자에 대한 감사와 약속

1. 가족구성과 생활의 변화

- 가족상황

- 우리집(소유, 구조, 상태 등)

- 이웃들

2. 미래를 위한 경제적 노력들

- 지출내역

- 절약노력

- 가입금융상품

- 재테크

3. 내 집으로 이사 가던 날

- 일시 · 주소

- 집소개

- 집을 마련하기까지

- 소감

4. 우리 가족의 평범한 하루

- 나의 하루

- 가족들의 하루

- 분위기

5. 내가 열광했던 것들

- 기간

- 내용(계기)

- 함께한 사람들

- 가족의 반응

6. 가장 기쁜 일 슬픈 일

• 기쁜 일(일시, 내용, 소감)

• 슬픈 일(일시, 내용, 소감)

7. 배우자에 대한 감사와 약속

- 감사한 일들(일시, 내용, 약속)

- 미안한 일들(일시, 내용, 약속)

꼭 남기고 싶은 이야기 1

꼭 남기고 싶은 이야기 2

꼭 남기고 싶은 이야기 3

꼭 남기고 싶은 이야기 4

National Archives of Korea | *My life story*
www.archives.go.kr

3. 노력과 성취

· 나의 직업은
· 신출내기의 애환
· 직장에서의 나의 존재감
· 위기의 순간들
· 나의 목표와 노력
· 나의 멘토
· 반전의 묘미
· 영광의 순간들
· 닮고 싶은 사람

1. 나의 직업은

- 직업소개

- 장·단점

- 내 적성과의 부합

- 발전노력

2. 첫 상사와의 만남과 영향

- 에피소드1(일시, 내용, 소감)

- 에피소드2

- 에피소드3

3. 직장에서의 나의 존재감

- 직위와 담당업무

- 인간관계

- 주위평가

- 자평

4. 위기의 순간들

- 에피소드1(일시, 내용, 소감)

- 에피소드2

- 에피소드3

5. 나의 목표와 노력

- 목표1(내용, 노력, 결과)

- 목표2

- 목표3

6. 나의 멘토

- 멘토소개

- 계기

- 주요 멘터링

- 받은 영향

7. 반전의 묘미

- 에피소드1(일시, 내용, 소감)

- 에피소드2

- 에피소드3

8. 영광의 순간들

- 에피소드1(일시, 내용, 소감)

- 에피소드2

- 에피소드3

9. 닮고 싶은 사람

- 인물1(소개, 이유, 영향)

- 인물2

- 인물3

꼭 남기고 싶은 이야기 1

꼭 남기고 싶은 이야기 2

꼭 남기고 싶은 이야기 3

꼭 남기고 싶은 이야기 4

National Archives of Korea
www.archives.go.kr | *My life story*

4. 삶과 여정

· 나의 변화
· 평생 함께 가야할 사람들
· 내가 넘어야할 산들
· 인생관에 영향을 준 사건
· 고뇌와 번뇌의 순간들
· 정리하고 싶은 것들
· 실망을 안겨 준 사건들
· 내 인생(30대 기준) 최고의 모험
· 미리 그려보는 나의 미래

1. 나의 변화

- 신체적 변화

- 가치관

- 일

- 인간관계

- 반성

2. 평생 함께 가야할 사람들

- 그룹1(소개, 이유, 노력)

- 그룹2

- 그룹3

3. 내가 넘어야할 산들

- 과제1(내용, 이유, 노력, 결과)

- 과제2

- 과제3

4. 인생관에 영향을 준 사건

- 에피소드1(일시, 내용, 영향)

- 에피소드2

- 에피소드3

5. 고뇌와 번뇌의 순간들

- 에피소드1(일시, 내용, 영향)

- 에피소드2

- 에피소드3

6. 정리하고 싶은 것들

- 과제1(내용, 이유, 노력, 결과)

- 과제2

- 과제3

7. 실망을 안겨 준 사건들

- 에피소드1(내용, 배경, 그 이후)

- 에피소드2

- 에피소드3

8. 내 인생(30대 기준) 최고의 모험

- 내용

- 모험배경 · 이유

- 노력

- 결과 · 영향

9. 미리 그려보는 나의 미래

- 20년 후 나(가정, 일, 사회)

- 실천과제

- 각오

꼭 남기고 싶은 이야기 1

꼭 남기고 싶은 이야기 2

꼭 남기고 싶은 이야기 3

Work and Life

National Archives of Korea | My life story
www.archives.go.kr

Ⅴ. 일과 삶 (41~50세)

　청년이라고 불리기에는 쑥스러운 나이가 되었다. 많은 것을 얻고 이룬 만큼 챙겨야 할 일도 많아졌다. 나 자신 보다 주변에 더 많은 시간과 노력을 할애해야 했다.

　직장과 가정은 물론, 사회적으로도 요구하는 일들이 부쩍 늘었다. 주변의 모든 것들이 정신을 차릴 수 없을 만큼 빠르게 변하고, 열심히 노력하지만 늘 제자리인 것 같아 답답함과 회의가 앞선다.

　직장과 가정, 이 사회에서 나는 무엇인가. 나는 지금 어디쯤 서 있을까. 앞만 보고 달려 온 지난 일들을 뒤 돌아 보며, 정체성을 되찾고 반환점 이후의 삶을 설계해 본다.

나의 40대(요약)

주요일지

년(나이)	월	일	주요내용	비고

년(나이)	월	일	주요내용	비고

주요일지

년(나이)	월	일	주요내용	비고

National Archives of Korea
www.archives.go.kr | *My life story*

1. 자녀의 성장과 교육

· 아이들의 학교생활
· 내 아이들이 좋아하는 것들
· 아이들과의 전쟁과 평화
· 성장하면서 자랑스러웠던 순간들
· 가장 걱정하고 염려했던 것
· 이 것만은 안 닮았으면
· 아이와 둘만의 소중한 추억
· 꼭 지키고 싶은 약속

1. 아이들의 학교생활

- 첫째의 학교생활

- 둘째의 학교생활

- 셋째의 학교생활

2. 내 아이들이 좋아하는 것들

- 첫째가 좋아하는 것

- 둘째가 좋아하는 것

- 셋째가 좋아하는 것

3. 아이들과의 전쟁과 평화

- 첫째와의 전쟁(기간, 내용, 화해 등)

- 둘째와의 전쟁

- 셋째와의 전쟁

4. 성장하면서 자랑스러웠던 순간들

- 일시 · 장소(첫째 아이)

- 내용

- 그 일이 미친 영향

- 일시 · 장소(둘째 아이)

- 내용

- 그 일이 미친 영향

4. 성장하면서 자랑스러웠던 순간들

- 일시 · 장소(셋째 아이)

- 내용

- 그 일이 미친 영향

5. 가장 걱정하고 염려했던 것

- 언제부터

- 내용

- 걱정하는 이유

- 그 이후

6. 이 것만은 안 닮았으면

- 나의 안 좋은 것들

- 안 닮게 하려는 노력

- 결과

7. 아이와 둘만의 소중한 추억

- 일시 · 장소

- 내용

- 추억과 관련된 것들(사진, 편지)

8. 꼭 지키고 싶은 약속

- 언제부터

- 내용

- 이유

꼭 남기고 싶은 이야기 1

꼭 남기고 싶은 이야기 2

꼭 남기고 싶은 이야기 3

꼭 남기고 싶은 이야기 4

National Archives of Korea | *My life story*
www.archives.go.kr

2. 안정과 성숙

· 직장에서 나의 위치와 역할
· 내 인생의 우선순위
· 가장 성공적인 일들
· 직장 내 인간관계 자가진단
· 시간이 더 있다면 하고 싶은 것
· 피하고 싶은 일들
· 나를 절망에 빠트린 일들
· 다시 생각해도 잘 한 일들
· 40대에 이룬 업적들
· 다시 세운 목표와 노력

1. 직장에서 나의 위치와 역할

• 승진일지(일시, 직급, 공로)

• 담당업무

• 사명감 · 긍지

2. 내 인생의 우선순위

- 우선순위(내용, 우선이유)

- 지금까지의 우선순위 변화

3. 가장 성공적인 일들

- 사례1(일시, 내용, 평가, 소감)

- 사례2

- 사례3

4. 직장 내 인간관계 자가진단

- 인적 네트워크

- 주위의 평과 자평

- 앞으로의 노력

5. 시간이 더 있다면 하고 싶은 것

- 에피소드1(내용, 아쉬운 점)

- 에피소드2

- 에피소드3

6. 피하고 싶은 일들

- 내용

- 피하고 싶은 이유

- 극복방안

7. 나를 절망에 빠트린 일들

- 에피소드1(내용, 극복노력, 결과 등)

- 에피소드2

- 에피소드3

8. 다시 생각해도 잘 한 일들

- 에피소드1(일시, 내용, 당시 소감)

- 에피소드2

- 에피소드3

9. 40대에 이룬 업적들

- 성과1(일시, 내용, 노력, 소감)

- 성과2

- 성과3

- 성과4

10. 다시 세운 목표와 노력

- 일시 · 내용

- 설정이유

- 계획 · 노력

꼭 남기고 싶은 이야기 1

꼭 남기고 싶은 이야기 2

꼭 남기고 싶은 이야기 3

꼭 남기고 싶은 이야기 4

3. 사색과 충전

· 중년이 되어 내가 살던 마을
· 나의 변화
· 결혼 이후의 변화들
· 부모가 되어 다시 생각해 본 나의 부모님
· 가족들을 위한 나의 노력
· 가장 많은 영향을 미친 사람
· 나를 성숙하게 한 계기들
· 의미 있는 휴가와 여행
· 나의 사람들
· 새로 생긴 관심사
· 뒤 늦게 깨달은 것들
· 건강을 위한 투자와 노력

1. 중년이 되어 내가 살던 마을

- 마을의 변화

- 가까운 이웃 · 모임

- 지역사회 참여

2. 나의 변화

- 외모 · 건강

- 가치 · 인생관

- 취미 · 여가

3. 결혼 이후의 변화들

- 배우자

- 내 아이와 조카들

- 나의 생활

- 생활환경

4. 부모가 되어 다시 생각해 본 나의 부모님

- 내가 받은 사랑

- 가슴 아프게 했던 일

- 스스로 평가하는 나의 효심

- 반성·다짐

5. 가족들을 위한 나의 노력

- 사례1(일시, 배경, 내용 등)

- 사례2

- 사례3

- 사례4

- 사례5

- 사례6

6. 나에게 가장 영향을 미친 사람

- 소개(이름, 존경하는 이유)

- 나와의 관계

- 함께한 일들

- 미친 영향

- 소개(이름, 존경하는 이유)

- 나와의 관계

- 함께한 일들

- 미친 영향

7. 나를 성숙하게 한 계기들

- 사례1(일시, 내용, 교훈)

- 사례2

- 사례3

- 사례4

- 사례5

- 사례6

8. 의미 있는 휴가와 여행

- 사례1(일정, 내용, 소감, 얻은 것)

- 사례2

- 사례3

- 사례4

- 사례5

- 사례6

9. 나의 사람들

- 가족 · 친인척

- 친구(동향 · 동창 · 동문)

- 직장 · 업무

10. 새로 생긴 관심사

- 언제부터

- 내용

- 계기

- 활동사항

11. 뒤 늦게 깨달은 것들

- 사례1 (일시, 내용, 깨닫게 된 계기)

- 사례2

- 사례3

12. 건강을 위한 투자와 노력

- 식생활

- 의료(건강검진, 약복용 등)

- 운동

꼭 남기고 싶은 이야기 1

꼭 남기고 싶은 이야기 2

꼭 남기고 싶은 이야기 3

꼭 남기고 싶은 이야기 4

Maturation and reverse

성숙하다

National Archives of Korea
www.archives.go.kr | *My life story*

*Maturation
and reverse*

Ⅵ. 성숙과 반전 (51~60세)

이제 겨우 세상의 이치와 삶의 의미를 알 것 같은데, 직장에서나, 집에서나 거추장스러워 하는 눈치가 역력하다. 비우고 버리는 연습을 시작할 때가 되었다.

의학 발전에 힘입어 정신적으로나 육체적으로 청년 못지않지만, 직장 동료들이나 가족들은 그렇게 생각하지 않는 것 같다. 주변의 시선에서 문득문득 느껴지는 소외감과 허무함은 어쩔 수 없다.

피해갈 수 없다면 즐겨야 한다. 과거를 정리함은 떠나기 위한 것이 아니라, 새로운 출발을 위한 것이다. 인생목표를 재정립하고 제2의 인생을 어떻게 살지 정리해 본다.

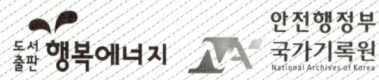

나의 50대(요약)

주요일지

년(나이)	월	일	주요내용	비고

년(나이)	월	일	주요내용	비고

주요일지

년(나이)	월	일	주요내용	비고

National Archives of Korea | *My life story*
www.archives.go.kr

1. 자녀의 졸업과 결혼

· 성년이 되기까지의 추억
· 이런 청년이 되었으면
· 내 아이의 졸업
· 사회진출
· 이젠 말할 수 있는 것들
· 인생 선배로서의 조언
· 내 아이의 결혼식
· 신혼여행을 다녀 온 자녀에게

1. 성년이 되기까지의 추억

• 에피소드1

• 에피소드2

• 에피소드3

2. 이런 청년이 되었으면

- 품성(첫째 아이)

- 가치관

- 학업 · 직업

- 사회생활

2. 이런 청년이 되었으면

- 품성(둘째 아이)

- 가치관

- 학업 · 직업

- 사회생활

- 품성(셋째 아이)

- 가치관

- 학업 · 직업

- 사회생활

3. 내 아이의 졸업

- 첫째 아이(일시, 학교, 소감)

- 둘째

- 셋째

4. 사회진출

- 내용(첫째 아이, 일시, 회사, 담당업무)

- 입사까지의 노력 · 도전

- 소감 · 바람

4. 사회진출

- 내용(둘째 아이, 일시, 회사, 담당업무)

- 입사까지의 노력 · 도전

- 소감 · 바람

- 내용(셋째 아이, 일시, 회사, 담당업무)

- 입사까지의 노력 · 도전

- 소감 · 바람

5. 이젠 말할 수 있는 것들

- 에피소드1(내용, 당시엔 말할 수 없었던 이유, 당부의 말 등)

- 에피소드2

- 에피소드3

6. 인생 선배로서의 조언

- 내가 후회하는 일들

- 간과하지 말아야 할 것들

- 당부의 말

7. 내 아이의 결혼식

- 첫인사(첫째 아이, 일시, 장소, 소감 등)

- 상견례

- 결혼식준비

- 결혼식

- 첫인사(둘째 아이, 일시, 장소, 소감 등)

- 상견례

- 결혼식준비

- 결혼식

7. 내 아이의 결혼식

- 첫인사(셋째 아이, 일시, 장소, 소감 등)

- 상견례

- 결혼식준비

- 결혼식

8. 신혼여행을 다녀 온 자녀에게

- 내용(첫째 아이, 일시, 장소, 소감)

- 축하 · 덕담

- 살면서 이것만은 지켰으면

8. 신혼여행을 다녀 온 자녀에게

- 내용(둘째 아이, 일시, 장소, 소감)

- 축하 · 덕담

- 살면서 이것만은 지켰으면

- 내용(셋째 아이, 일시, 장소, 소감)

- 축하 · 덕담

- 살면서 이것만은 지켰으면

꼭 남기고 싶은 이야기 1

꼭 남기고 싶은 이야기 2

꼭 남기고 싶은 이야기 3

National Archives of Korea | *My life story*
www.archives.go.kr

2. 기여와 성취

· 나의 현주소
· 내가 꿈꿔 온 일과 삶
· 내가 이룬 것
· 내가 가장 잘 할 수 있는 것
· 사회에 되돌려 주어야 할 것들
· 나를 따르는 후배에게
· 못다한 과제
· 일하는 재미와 보람
· 결자해지의 노력

1. 나의 현주소

- 나의 이력서

- 현(마지막) 직위 · 업무

- 조직 내 나의 존재감

2. 내가 꿈꿔 온 일과 삶

- 평생 간직해 온 꿈

- 얼마나 이루었나

- 향후의 계획

3. 내가 이룬 것

- 성과1(기간, 내용, 소감 등)

- 성과2

- 성과3

- 성과4

- 성과5

- 성과6

4. 내가 가장 잘 할 수 있는 것

- 나의 전문영역

- 자기계발

- 성과

- 향후계획

5. 사회에 되돌려 주어야 할 것들

- 사례1(내용, 환원사유, 기대효과)

- 사례2

- 사례3

5. 사회에 되돌려 주어야 할 것들

- 사례4

- 사례5

- 사례6

6. 나를 따르는 후배에게

- 소개(이름, 관계, 특장점)

- 후회하는 것들

- 전하고 싶은 메시지

7. 못다한 과제

- 사례1(내용, 실현하지 못한 이유)

- 사례2

- 사례3

- 사례4

- 사례5

- 사례6

8. 일하는 재미와 보람

- 나의 재능

- 흥미로운 일들

- 성취소감 · 보람

9. 결자해지의 노력

- 나로 인해 비롯된 일들

- 해결노력 · 바람

꼭 남기고 싶은 이야기 1

꼭 남기고 싶은 이야기 2

꼭 남기고 싶은 이야기 3

National Archives of Korea | *My life story*
www.archives.go.kr

3. 환원과 준비

· 나의 가족들
· 평생 함께 하고 싶은 사람들
· 되돌려 본 인생의 전환점들
· 이젠 용서해야 할 것들
· 살면서 가장 잘한 일
· 진심으로 감사하고 싶은 일
· 스스로 고쳐야 할 일
· 최근 발견한 나의 잠재력
· 나의 건강나이 자가진단
· 더욱 커지는 나의 꿈

1. 나의 가족들

- 부모님(건강, 일, 관심사 등)

- 배우자

- 자녀

- 가까운 친척들

2. 평생 함께 하고 싶은 사람들

- 친구(첫 만남, 추억, 좋은 이유)

- 선배

- 동료

3. 되돌려 본 인생의 전환점들

- 에피소드1(일시, 내용, 발단, 그 이후의 변화)

- 에피소드2

- 에피소드3

- 에피소드4

- 에피소드5

- 에피소드6

4. 이젠 용서해야 할 것들

- 섭섭한 일들

- 용서하지 못한 이유

- 그 당시로 돌아간다면

5. 살면서 가장 잘한 일

- 성과1(내용, 판단이유, 미친 영향)

- 성과2

- 성과3

5. 살면서 가장 잘한 일

- 성과4

- 성과5

- 성과6

6. 진심으로 감사하고 싶은 일

- 사례1 (내용, 미친 영향, 현재 관계)

- 사례2

- 사례3

6. 진심으로 감사하고 싶은 일

- 사례4

- 사례5

- 사례6

7. 스스로 고쳐야 할 일

- 나쁜 습관 · 단점

- 고치지 못한 이유

- 각오 · 계획

8. 최근 발견한 나의 잠재력

- 내용

- 발견계기

- 자기계발 노력

- 계획

9. 나의 건강나이 자가진단

- 정신적 건강

- 육체적 건강

- 종합건강지수

10. 더욱 커지는 나의 꿈

- 포기할 수 없는 나의 꿈

- 이유

- 실현계획

꼭 남기고 싶은 이야기 1

꼭 남기고 싶은 이야기 2

꼭 남기고 싶은 이야기 3

Another start

또다른 시작

National Archives of Korea
www.archives.go.kr | My life story

Another start

Ⅶ. 또 다른 시작 (60세~)

지금까지는 나의 행복 보다 가정과 사회를 위해 더 많은 에너지를 집중해 왔다. 하지만 이제부터는 오롯이 나 자신의 행복을 위해 모든 것을 쏟아 부어야 한다.

돌려주고 화해하는 것에서 나의 존재 의의와 행복을 찾아야 한다. 가정과 사회를 위해 내가 할 수 있는 것과, 그들이 나에게 원하는 것이 무엇인지 뒤돌아보고, 나의 모든 것을 나누고 베푸는 내 생애 최고의 삶을 시작한다.

이제 끝이 아니라, 지금까지와는 또 다른 방식의 삶이 시작되는 출발점이다. 더 행복하고 보람된 내일을 위해 지나 온 삶을 추억하고 더듬어 미래를 설계해 본다.

나의 60대(요약)

주요일지

년(나이)	월	일	주요내용	비고

년(나이)	월	일	주요내용	비고

주요일지

년(나이)	월	일	주요내용	비고

National Archives of Korea | *My life story*
www.archives.go.kr

1. 새 판 짜 기

· 다시 그리는 인생설계
· 미루어 두었던 사소한 일들
· 그때로 돌아가 다시하고 싶은 것
· 끝까지 지키고 싶은 가치와 신념
· 새로운 목표와 도전

1. 다시 그리는 인생설계

- 지난 삶에 대한 소회

- 다시 도전하고 싶은 일

- 실천계획

2. 미루어 두었던 사소한 일들

- 미루어 둔 일1(내용, 미룬 이유)

- 미루어 둔 일2

- 미루어 둔 일3

3. 그때로 돌아가 다시하고 싶은 것

- 가장 행복했던 순간들

- 그때로 돌아가기 위한 계획

4. 끝까지 지키고 싶은 가치와 신념

- 무엇과도 바꿀 수 없는 가치(내용, 이유)

- 꺾을 수 없는 믿음(내용, 신념을 갖게 된 이유)

5. 새로운 목표와 도전

- 내용(일시, 이유)

- 실천계획

- 도전·성취

꼭 남기고 싶은 이야기 1

꼭 남기고 싶은 이야기 2

꼭 남기고 싶은 이야기 3

꼭 남기고 싶은 이야기 4

National Archives of Korea
www.archives.go.kr | *My life story*

2. 인생즐기기

· 나의 이웃과 마을
· 인생 2막의 가족들
· 참된 우정과 동반자들
· 사랑과 나눔의 실천
· 못다 즐긴 것들
· 미리 쓰는 유언장

1. 나의 이웃과 마을

- 가까운 이웃들

- 마을 소개

- 정이 가는 이유

2. 인생 2막의 가족들

- 가장 많이 함께할 사람들

- 가장 많은 시간을 할애할 일들

3. 참된 우정과 동반자들

- 평생 함께 해온 친구들

- 나이 들어 만난 친구들

4. 사랑과 나눔의 실천

- 사례1(내용, 계기, 소감)

- 사례2

- 사례3

5. 못다 즐긴 것들

- 사례1(내용, 못한 이유, 계획)

- 사례2

- 사례3

6. 미리 쓰는 유언장

- 배우자에게

6. 미리 쓰는 유언장

- 자녀들에게

- 나를 아는 모든 이들에게

- 나의 사후바람

꼭 남기고 싶은 이야기 1

꼭 남기고 싶은 이야기 2

꼭 남기고 싶은 이야기 3

National Archives of Korea | *My life story*
www.archives.go.kr

나 의 연 대 기

· 기록을 마치며(에필로그)

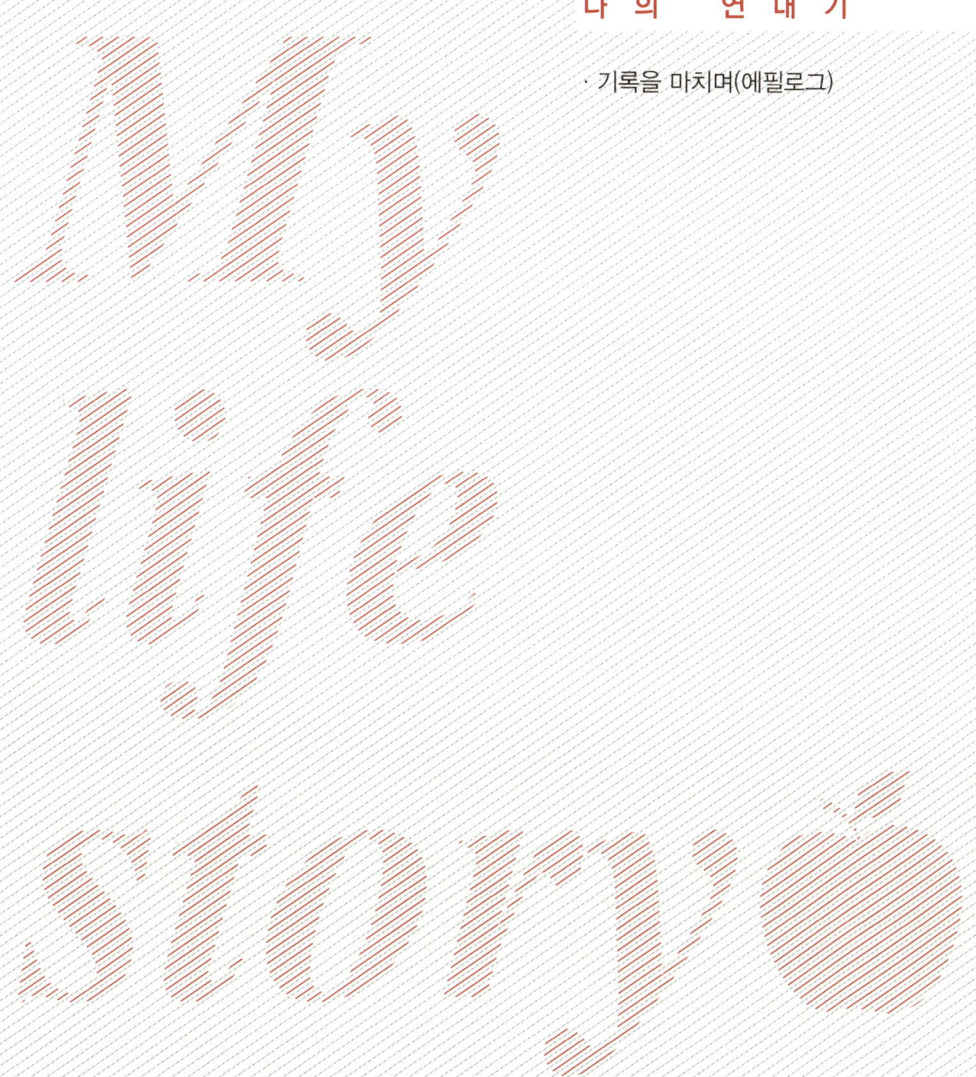

나의 연대기

나이	년 월 일	내 용
1세		
2세		
3세		
4세		

나이	년 월 일	내 용
5세		
6세		
7세		
8세		

나의 연대기

나이	년 월 일	내 용
9세		
10세		
11세		
12세		

나이	년 월 일	내 용
13세		
14세		
15세		
16세		

나의 연대기

나이	년 월 일	내 용
17세		
18세		
19세		
20세		

나이	년 월 일	내 용
21세		
22세		
23세		
24세		

나의 연대기

나이	년 월 일	내 용
25세		
26세		
27세		
28세		

나이	년 월 일	내 용
29세		
30세		
31세		
32세		

나의 연대기

나이	년 월 일	내 용
33세		
34세		
35세		
36세		

나이	년 월 일	내 용
37세		
38세		
39세		
40세		

나의 연대기

나이	년 월 일	내 용
41세		
42세		
43세		
44세		

나이	년 월 일	내 용
45세		
46세		
47세		
48세		

나의 연대기

나이	년 월 일	내 용
49세		
50세		
51세		
52세		

나이	년 월 일	내 용
53세		
54세		
55세		
56세		

나의 연대기

나이	년 월 일	내 용
57세		
58세		
59세		
60세		

나이	년 월 일	내 용
61세		
62세		
63세		
64세		

나의 연대기

나이	년 월 일	내용
65세		
66세		
67세		
68세		

나이	년 월 일	내 용
69세		
70세		
71세		
72세		

나의 연대기

나이	년 월 일	내 용
73세		
74세		
75세		
76세		

나이	년 월 일	내 용
77세		
78세		
79세		
80세		

나의 연대기

나이	년 월 일	내 용
81세		
82세		
83세		
84세		

나이	년 월 일	내용
85세		
86세		
87세		
88세		

나의 연대기

나이	년 월 일	내 용
89세		
90세		
91세		
92세		

나이	년 월 일	내 용
93세		
94세		
95세		
96세		

나의 연대기

나이	년 월 일	내 용
97세		
98세		
99세		
100세		

나의 기록을 마치며(에필로그)

※ 이후의 기록은 2권으로 이어집니다.

나의 기록을 마치며(에필로그)

함께 보면 좋은 책들

인생 네 멋대로 그려라
이원종 지음 | 304쪽 | 값 15,000원

이원종 전 서울특별시장, 충청북도지사, 현 지역발전위원장이 밝히는 성공의 삶, 그 노하우! 내 인생은 남이 그려 주지 못한다. 내가 그려야 한다. 내가 하고 싶고 나만이 할 수 있는, 독특한 내 멋대로의 인생을 그려 가야 한다. 이왕이면 대작, 천하를 호령하는 걸작을 그려 가야 하지 않겠는가? 자신이 느끼고 체험했던 사실들이 인생의 초행길을 가는 젊은이들에게 자그마한 등불이 되길 바라는 저자의 마음을 느껴보자.

70대 인생을 재미있고 신나게 사는 이야기
김현 · 조동현 지음 | 268쪽 | 값 13,500원

저자 부부는 70대란 나이는 숫자에 불과하며 자신이 좋아하면서도 타인에게 도움을 줄 수 있는 일에 매진하면 얼마든지 노후를 신나고 재미있게 보낼 수 있다고 전한다. 초고령화사회를 눈앞에 둔 대한민국 사회에 가장 필요한 이야기에 귀 기울여 보자.

성공하는 자녀의 네 가지 비밀
박찬승 지음 | 300쪽 | 값 15,000원

책 『성공하는 자녀의 네 가지 비밀』은 자녀들의 성장 가능성과 적성을 가늠해보고, 아이들의 자존감과 자립심을 돕는 방법을 배울 수 있도록 구성되었다. 현재 대전 유성고 교장인 저자가 풍부한 현장 경험을 통해 알아낸 영재 공부 비법과 효율적인 학습법 또한 함께 담겨있다.

꿈의 크기만큼 자란다
조영탁 지음 | 280쪽 | 값 15,000원

'꿈'이라는 목표가 있기에 삶은 가치가 있고 사람은 미래를 향해 전진한다. 가장 중요한 점은 꿈의 크기에 한계를 두지 않았을 때 사람은 성장한다는 사실이다. 지금보다 더 '큰 사람'이 되고 싶다면, 성공을 위한 비전을 정확히 내다보고 싶다면 『꿈의 크기만큼 자란다』와 그 첫발을 시작해보자.

생각을 벗어라
김창수 지음 | 188쪽 | 값 12,500원

저자는 일상 속에서 느끼고 깨달은 것을 자유로이 글로 적은 모든 게 '시'임을, 우리의 삶 자체가 하나의 놀랍고 아름다운 광경임을 독자에게 전하고 있다. 이 세상에는 잘난 인생도, 못난 인생도 없다. 잘난 삶을 살겠다는 생각마저 하나의 굴레임을 깨닫고 세상이 제시하는 틀 밖으로 고개를 내밀어 진정한 희망을 두 눈으로 확인해 보자.

잘나가는 공무원은 무엇이 다른가

이보규 · 최성열 지음 | 312쪽 | 값 15,000원

실제 공무원이 밝히는 냉혹한 공무원의 세계!
정신 놓고 있다가 길을 잃으면 그 순간 끝장이다! 9급부터 시작하는 공무원 행동강령. 이제 지옥 같은 직장을 낙원으로 만들고, 적을 아군으로 만드는 마법 같은 처세의 힘으로 더 큰 바다로 나아가보자.

잘나가는 공무원은 무엇이 다른가 2

정상덕 지음 | 296쪽 | 값 15,000원

대한민국의 21세기 新 목민심서로 주목받는 『잘나가는 공무원 무엇이 다른가』 그 두 번째 이야기. 국민에게 봉사한다는 심정으로 평생 공직에 몸을 담아온 정상덕 전 국장의 36년 공직생활, 그 '치열한' 현장의 '생생한' 연대기.
대한민국에서 성공한 공무원으로 사는 법은 무엇인지 귀 기울여 보자.

잘나가는 공무원은 무엇이 다른가 3

강영두 지음 | 292쪽 | 값 15,000원

21세기 무한경쟁시대에 대처하는 공무원의 자세!
대한민국의 21세기 新 목민심서로 주목받는 『잘나가는 공무원 무엇이 다른가』 그 세 번째 이야기. 9급 말단에서 시작하여 부산 북구청 총무국장에 이르기까지 평생 공직생활에 열정을 바쳐온 저자의 생생한 인생이야기, 성공적인 공직 노하우를 담았다.

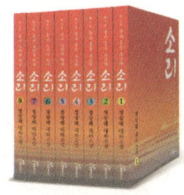

소리 (전 8권)

정상래 지음 | 각 권 13,500원

쏟아져 나오는 책은 많지만 읽을거리가 없다고 탄식하는 독자들이 많다. 그렇다면 근대 한국사에 담긴 우리 한_韓의 정서에 관심이 있다면, 대하소설의 참맛에 대해 잘 알고 있다면, 정말 제대로 된 작품을 읽어볼 요량이라면 이 소설은 독자를 위한 더할 나위 없는 선물이자 생을 관통할 화두가 되어 줄 것이다.

조영탁의 행복한 경영이야기 세트 (전 10권)

조영탁 지음 | 각 권 15,000원

행복한 성공을 위한 7가지 가치, 그 모든 이야기를 담은 『조영탁의 행복한 경영이야기』 전집은 자신은 물론 타인의 삶까지 행복으로 이끄는 '행복 CEO'가 되는 길을 제시한다. 세계적으로 큰 성공으로 거둔 저명인사들의 명언들을 비롯하여 다양한 분야에서 칭송을 받아온 인물들의 저서에서 핵심 구절만을 선별하여 담았다. 저자는 이를 '촌철활인_{寸鐵活人}(한 치의 혀로 사람을 살린다)'으로 재해석하여 현대인이 지향해야 할 삶의 태도와 마음에 꼭 새겨야 할 가치를 제시한다.

"〈사과나무 일기〉를 소중한 책으로 만들어 드리겠습니다."

그 누구보다 열정적으로 삶을 이끌어 온 귀하에게 힘찬 응원의 박수를 보냅니다. 한 줄 한 줄 〈사과나무 일기〉에 담아 주신 이야기들은 우리 후세의 행복한 삶을 위해 꼭 필요한 '유산'입니다. 이 일기장을 한 권의 책으로 엮어 세상에 내는 것만큼 값지고 보람찬 일은 없을 것입니다.

완성된 〈사과나무 일기〉를 주저하지 마시고 행복에너지로 보내주시면 적극 검토하여 멋지고 당당한 한 권의 책으로 잘 만들어 드리겠습니다.

도서출판 행복에너지의 문을 두드려 주십시오. 책을 내고 싶지만 글에 자신이 없으시다면, 시간이 없어 출간을 미루어 오셨더라면 행복에너지에서 '행복이 넘치는 도서, 에너지가 넘치는 출판'으로 좋은 책을 만들어드리겠습니다.

감사합니다.